世界の卵料理

新しい味発見！

塩川 純佳

CONTENTS

はじめに　4

CHAPTER 1　ゆで卵　6

韓国風漬け卵　8
揚げ半熟ゆで卵の黒酢あんかけ　10
ウーロン茶卵　12
タイ風煮卵　14
揚げ卵タマリンドソース　16
卵のアチャール　18
ウフマヨネーズ　20
卵とホワイトアスパラのピンチョス　21
スコッチエッグ　22
デビルドエッグ　24

CHAPTER 2　目玉焼き　26

目玉焼きのサラダ　28
トルティーヤ目玉焼きのせ　30
卵と大葉のアンチョビガーリック丼　32
コンビーフハッシュ　34
ポーチギーライス　35

CHAPTER 3　オムレツ　36

あさりとディルのオムレツ　38
韓国風オムレツ　40
切り干し大根のオムレツ　42
ひき肉オムレツ　44
ハーブオムレツ　46
スペイン風オムレツ　48
青唐辛子としらすのオムレツ　50
オムレツカツ　52

CHAPTER 4　卵が主役の一品　54

豚ひき肉の中華風茶碗蒸し　56
トマト卵炒め　58
韓国風蒸し卵　59
にらたま餃子　60
ベトナムお好み焼き　62
羊のひき肉と卵料理　64

アフガニスタンの卵焼き　66
トマトと卵の煮込み　68
牛ひき肉と卵のグラタン　70
たらとフライドポテトの卵あえ　72
トルコのスクランブルエッグ　74

CHAPTER 5　おつまみ　76

炒り卵と明太子の春巻き　78
チャーシューエッグ　80
卵サラダの春巻き　82
炒めきのこの卵黄添え　84
ポテトと卵のピンチョス　86
春巻きの皮を使ったブリック　88
卵とブロッコリーのオーロラソース　90
卵のヴィネグレットソース　92

CHAPTER 6　スープ　94

トマト入り酸辣湯　96
卵とにんにくのスープ　98
ギリシャ風　卵とレモンのスープ　100

CHAPTER 7　ご飯・麺・パン　102

和風辛口カルボナーラ　104
にらしょうゆ漬けの卵かけご飯　106
めんたまふりかけご飯　107
えび入り粥　108
スパイシークリーム卵ライス　110
卵とサーモンのオープンサンド　111
エッグフロレンティーン　112
フレンチトースト　114
エッグトースト　115
ベーコンエッグサンド　116
アボカドエッグトースト　118

CHAPTER 8　おやつ　120

生カステラ　122
イタリアンプリン　124
カイザーシュマーレン　126

この本の決まり
・鶏卵はMサイズのものを使用しています。
・計量の単位は、大さじ1＝15mℓ、
小さじ1＝5mℓ、カップ1＝200mℓです。
・材料の個数や本数などの分量は目安です。
重さは正味量です。

はじめに
世界中で一番食べられている鶏卵

冷蔵庫の中にいつもある身近な食材、卵。世界の各地に、
にわとりの卵を使った料理があります。
卵が「完全栄養食」と言われるのは、アミノ酸9種をはじめ、
たんぱく質やビタミン、ミネラルといったからだに必要な栄養素が
バランスよく含まれているから。さらに、手ごろな価格であることから
物価の優等生といわれています。
日本の卵消費量は1人あたり年間330個以上食べているとされ、
世界的に見ても上位にランクインするほどの卵消費国です。

アメリカ
デビルドエッグ 24
エッグフロレンティーン 112
ベーコンエッグサンド 116
アボカドエッグトースト 118

ハワイ
コンビーフハッシュ 34
ポーチギーライス 35

メキシコ
ウエボスランチェロス 30

ペルー
アヒ デ ガジーナ 110

バリエーション色々、世界の卵料理

この本では、国内外で食べた卵料理を、
私なりの一皿に仕立てた味を紹介したいと思います。
卵料理での世界旅行を、ぜひ楽しんでください。

CHAPTER 1
ゆで卵

ゆでてから調味料で煮たり、漬けたり、つぶして味をつけたり、各国に数多くのレシピが存在するゆで卵。ゆでる加減もかたゆで（ハードボイルド12分ゆで）から半熟（ハーフボイルド8〜9分ゆで）までバリエーションがあります。でも、卵を生やごくゆるめの半熟状態で食べるのは、卵の鮮度と品質に優れている日本ならではの食習慣。日本の卵で各国のゆで卵レシピをぜひお楽しみください。

ゆで時間の目安
湯が沸騰した鍋に、冷蔵庫から出してすぐの卵を入れたときのゆで時間です。
ゆで卵は、ゆで上がったらすぐに冷水にとること。せっかく好みの固さのゆで時間を守っても、冷水にとらないと余熱で卵が固くなり、殻もむきにくくなります。殻をむくときには、縦に殻にひびを入れるとむきやすいです。

韓国

韓国風漬け卵

韓国のしょうゆ、カンジャン。しょうゆを使った漬け汁を作り、そこにゆで卵を漬けてみたら、半熟卵によく合いました。お酒のおつまみにもいいと思います。

材料 4個分
卵　4個
長ねぎのみじん切り　大さじ1
◆漬け汁
　にんにくのすりおろし　小さじ½
　白いりごま　小さじ2
　韓国産中ひき唐辛子　小さじ½
　赤唐辛子の小口切り　少々
　しょうゆ　各50mℓ
　砂糖、みりん　各小さじ2
　ごま油　小さじ1強
　水　50mℓ
万能ねぎの小口切り、白いりごま　各適宜

1. 卵は好みのかたさにゆでて(7ページ参照)、殻をむく。
2. 鍋に漬け汁の材料を入れてひと煮立ちさせる。冷めたら保存容器などに移し、ゆで卵と長ねぎを入れ、ひと晩冷蔵庫で味をなじませる。
3. 卵を切って器に盛り、好みで白ごまと万能ねぎをのせる。

※半熟のゆで卵を切るときは包丁を使わずに、20cmくらいに切ったもめん糸で横半分に切るとよい。柔らかい黄身がくっつかずにすみます。

🌐 **世界の卵料理事情**
韓国の人はゆで卵が大好き。屋台で人気のトッポギにも、ゆで卵が入っています。一般的にゆで卵は黄身がかためですが、最近では半熟を好む人が増えてきています。

中国

揚げ半熟ゆで卵の黒酢あんかけ

北京に行ったときに食べた揚げピータンの黒酢あんかけが
おいしくて、ゆで卵を使ってアレンジした料理です。
北京ではかたゆで卵でしたが半熟にしてみました。

材料 4個分
卵　4個
塩、こしょう　各少々
薄力粉　適量
揚げ油　適量
◆黒酢あん
　A 黒酢　大さじ2
　　しょうゆ、酒　各小さじ2
　　砂糖　大さじ1強
　　鶏がらスープの素（顆粒）　小さじ½
　　水　50ml
　片栗粉、水　各小さじ2
パクチーの葉　適量

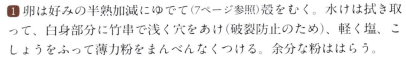

1. 卵は好みの半熟加減にゆでて（7ページ参照）殻をむく。水けは拭き取って、白身部分に竹串で浅く穴をあけ（破裂防止のため）、軽く塩、こしょうをふって薄力粉をまんべんなくつける。余分な粉ははらう。
2. 小鍋に黒酢あんのAの材料を入れて火にかける。煮立って砂糖が溶けたら、片栗粉を水で溶いて加え、とろみをつける。
3. 揚げ油を180℃に熱し、①を入れる。1分揚げて色づいたら取り出して油をきる。半分に切って②のあんをかけ、パクチーの葉を添える。

🌐 **世界の卵料理事情**
中国では、日本のようにゆで卵に塩をかけて食べることはあまりしません。豚肉と煮込むなど、煮込み料理の具として使われることが多いようです。

台湾

ウーロン茶卵 <small>チャーイエダン 茶葉蛋</small>

台湾ではコンビニにもあるポピュラーな煮卵です。
八角やシナモンなどのスパイスとウーロン茶を加えた調味液に、
殻にひびを入れたゆで卵を殻ごと煮て作ります。
ひびから調味液がしみ込み、モザイク模様ができます。

材料 4個分
卵　4個
A　ウーロン茶葉　大さじ1
　八角　1個
　シナモンスティック　5cm
　しょうゆ　大さじ2
　きび砂糖　大さじ3
　酒　小さじ1
　塩　小さじ½
　水　適量（卵がかぶるくらいの量）
お粥、パクチーの葉　各適量

1　卵はかためにゆでる（7ページ参照）。冷めたら殻をスプーンで叩きながら、全体にひびを入れる。
2　卵が4個並ぶ深めの鍋にAを入れ、煮立ったら1を入れる。中火で15分煮たら弱火にし、1時間ほどときどき卵を回しながら煮る。汁ごと冷まし、保存容器に移して冷蔵庫に入れ、半日から1日漬けておく。
3　殻をむいて食べやすく切る。お粥などに添えてパクチーを散らす。

保存期間は、保存容器に入れて冷蔵庫で3〜4日です。

ゆで卵

タイ風煮卵 カイパロー

タイでは豚足と一緒に煮た人気料理。今回はひき肉にかえて、簡単にアレンジしました。豚肉のうまみが溶けた煮汁が、しっかり卵にしみています。五香粉の香りもアクセント。

材料 2人分
卵　2〜4個
豚ひき肉　100g
パクチーの根　3株分
にんにく　1かけ
A　しょうゆ　大さじ2
　　シーユーダム（タイの甘口しょうゆ）　大さじ1
　　きび砂糖　40g
　　五香粉　小さじ1
　　黒こしょう　少々
米油（サラダ油でも可）　大さじ1
パクチーの葉　適量

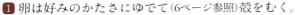

1. 卵は好みのかたさにゆでて（6ページ参照）殻をむく。
2. パクチーの根は細かくきざみ、つぶしたにんにくと混ぜる。
3. 鍋に油と②を入れて火にかけ、香りが立ったらひき肉を加えて中火で炒める。Aと卵も入れて、かぶるくらいの水を加える。火にかけて煮立ったら弱火にして、落としぶたをしてあくを取りながら30〜40分、煮汁が半分くらいになるまで煮る。
4. 卵を縦4等分に切って器に盛り、きざんだパクチーの葉を添える。

※シューダム（タイの甘口しょうゆ）がないときは、しょうゆ大さじ1、黒砂糖10gで代用してください。

タイ

揚げ卵タマリンドソース　カイルーククイ

ゆで卵を素揚げして、豆科の植物タマリンドを使った甘酸っぱい調味料をベースにしたソースをかけていただくタイ全土で食べられている料理。フライドオニオンを散らし、食感とうまみをプラス。

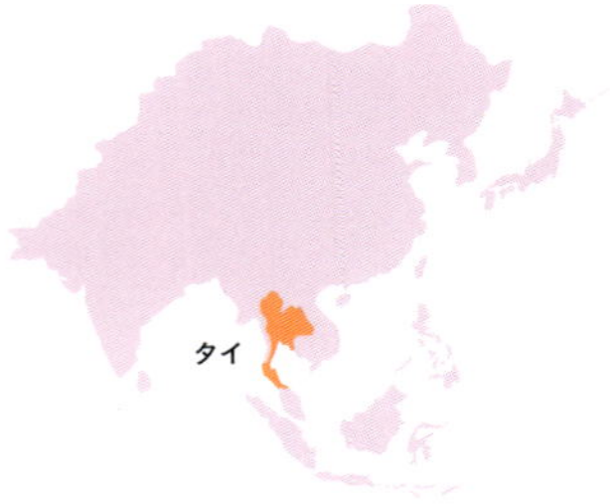

材料 4個分
卵　4個
揚げ油　適量

♣ ソース
　タマリンドペースト　大さじ1
　ナムプラー　大さじ2
　パームシュガー（きび砂糖でもよい）　大さじ2
　水　大さじ1強
パクチーの葉　適量
フライドオニオン（市販品）　適量

1️⃣ 卵は好みのかたさにゆでて（7ページ参照）殻をむく。水けは拭き取って、白身部分に竹串で浅く穴をあける（破裂防止のため）。
2️⃣ 揚げ油を170℃に熱し、1️⃣を軽く色づくまで揚げる。
3️⃣ 小鍋にソースの材料を入れて中火にかけ、焦げないように混ぜながら、とろみがつくまで煮つめる。
4️⃣ 卵を半分に切って器に盛り、3️⃣をかけてフライドオニオンとパクチーの葉を添える。

ゆで卵

インド

卵のアチャール

「アチャール」とは、インド風のピクルスで、常備菜のひとつ。
玉ねぎやキャベツなど、いろいろな素材のアチャールがあります。
スパイス入りの甘酸っぱい調味液がゆで卵とよく合います。

材料 2～4個分
卵　2～4個
マスタードシード　小さじ1
クミンパウダー　小さじ½
米油(サラダ油でも可)　80mℓ
にんにくのすりおろし、しょうがのすりおろし
　各大さじ1
A　レッドペッパー(またはカイエンヌペッパー)　小さじ2
　　パプリカパウダー　小さじ½
　　コリアンダーパウダー　小さじ1
　　ターメリックパウダー　小さじ¼
　　カレー粉　小さじ¼
レモン汁　1個分
米酢　小さじ2
塩　小さじ½強

インド

① 卵は好みの半熟加減にゆでて(7ページ参照)殻をむく。
② 鍋に油を熱してマスタードシードを入れ、パチパチと音がしてきたら火を消してクミンも加えて混ぜる(マスタードシードは加熱するとはねるのでふたをする)。
③ ②ににんにくとしょうがを加えて再び火をつけ、Aと塩を加えて弱火で炒める。レモン汁と酢を加えたら、粗熱を取ってふたができる保存容器に入れる。卵を加えてひと晩以上漬ける。

> **🌐 世界の卵料理事情**
> アチャールは日本のお漬物のようなもの。インド全土で食べられています。ちなみに、私はビリアニ(インドの炊き込みご飯)に添えて食べるのが好きです。

ウフマヨネーズ

フランス

「ウフ」とはフランス語で卵のこと。自家製マヨネーズが味の決め手。甘口の「松田のマヨネーズ」を使うと、パリの味に近づきます。

材料 4個分
卵　4個
◆ソース
　にんにくのすりおろし　小さじ1
　松田のマヨネーズ（甘口）　200ｇ
　生クリーム　大さじ2
　オリーブオイル　大さじ2
黒こしょう　少々

フランス

❶ 卵は好みの半熟加減にゆでて（7ページ参照）殻をむく（黄身がやわらかいほうがフランスっぽい仕上がりになる）。
❷ 小さめのボウルにソースの材料を合わせ、なめらかになるまでよく混ぜる。
❸ ❶の卵を器に盛り、❷のソースをかけて黒こしょうをふる。

卵とホワイトアスパラのピンチョス

<small>スペイン</small>

スペインのバルでは、生のホワイトアスパラガスでしたが、
ここでは手軽に缶詰で。見た目も華やかで、おつまみに最適です。

材料 2人分
卵　1個
ホワイトアスパラガス(缶詰)　1本
トマト　小1個
スタッフドオリーブ　2個
ディル　適宜
食パン(耳なし10枚切り)　4枚
マヨネーズ　適量

スペイン

① 卵は好みの加減にゆでて(7ページ参照)殻をむき、5mm幅の輪切りにする。
② ホワイトアスパラガスは長さを¼に切り、縦半分に切る。トマト、オリーブは5mm幅の輪切りにする。
③ 食パンは軽くトーストして直径6.5cmの丸型に抜き、片面にマヨネーズを塗る。トマト、ゆで卵、ホワイトアスパラガス、オリーブ、ちぎったディルの順にのせて、ようじでとめる。

スコッチエッグ

イギリス

私の母の得意料理で、子どものときから大好物でした。
肉だねに入るウスターソースやナツメグなどが卵によく合います。
少し手間はかかりますが、食べたときのおいしさはひとしおです。

材料 2人分
卵　4個
薄力粉　適量

✦**肉だね**
　合いびき肉　250ｇ
　にんにくのすりおろし　小さじ1
　ケチャップ　大さじ1
　ウスターソース　小さじ1
　ナツメグパウダー　少々
　黒こしょう　少々
　塩　小さじ1強

✦**衣**
　薄力粉　適量
　溶き卵　1個分
　パン粉　適量

✦**ソース**
　ケチャップ　大さじ2
　中濃ソース　大さじ1

① 卵はやわらかめの半熟にゆでて(7ページ参照)殻をむく。薄力粉をまぶして、よぶんな粉ははたいておく。

② 肉だねの材料をボウルに入れてよく混ぜる。

③ ②を4等分にしてそれぞれをラップに広げて卵を置き、1つずつ丸く包む。ラップを取って手で転がして表面をなめらかに整え、全体に衣用の薄力粉をまぶす。バットに並べてラップをかけて、冷蔵庫で1時間ほど冷やしておく。

④ ③を取り出し、溶き卵、パン粉の順に衣をつける(割れの原因になるので衣はまんべんなくつける)。

⑤ 揚げ油を160℃に熱して④を入れ、6分ほどたまに転がしながら、こんがりするまで揚げる。油をきって、半分に切って器に盛り、混ぜ合わせたソースをかける。

アメリカ

デビルドエッグ

アメリカ南部の料理で、かたゆで卵の黄身にマヨネーズや
マスタードを加えて混ぜたものを絞り出した、見た目もかわいい1品。
アメリカ人が好きな甘いピクルスも加え、食感や味のアクセントに。

材料 4個分
卵　4個
スイートピクルス　10g
A　マヨネーズ　大さじ2
　　イエローマスタード　小さじ1
　　パプリカパウダー　少々
　　黒こしょう　適量
塩　少々
ゆでた小えび、チャービルの葉　各適宜

1. 卵はかためにゆでて(7ページ参照)殻をむく。
2. ピクルスは細かいみじん切りにする。
3. 卵を縦半分に切って、黄身と白身に分ける。白身の下部(底になるところ)は薄く切って安定させる。
4. 黄身をボウルに入れてAを加えてフォークでよく混ぜる。ピクルスを加えて塩で味を調えたら、口金をつけた絞り出し袋に入れて、白身の中に絞り出す。あれば小えびとチャービルを添える。

> 🌐 **世界の卵料理事情**
> アメリカの卵の消費期限は1カ月と長めで、常温保存されることも多く、しっかりと火を通して食べるのが常識。日本のように生や半熟で食べる感覚はないようです。

CHAPTER 2

目玉焼き

「目玉焼き」と名前がついていますが、英語では「フライドエッグ」＝「揚げ焼き」です。

目玉焼きは国によって、いろいろな食べ方があります。例えばタイの「ヤム カイダーオ」は、両面をカリッと揚げ焼きにして食べやすい大きさに切り、これをサラダの具材にするのです。また、半熟の目玉焼きを料理の上にのせて、黄身をくずして混ぜ、ソース代わりにするなど、そのバリエーションはさまざま。焼いてそのまま食べるだけではない、目玉焼きの食べ方を楽しんでください。

目玉焼きのサラダ ヤム カイダーオ

タイ

目玉焼きを揚げ焼きにして、野菜と合わせたタイのサラダです。
卵をカリッと香ばしく仕上げるのがおいしさのポイントです。
甘酸っぱくてピリ辛なたれとよく合います。

材料 2人分
卵　2個
赤玉ねぎ　¼個
トマト　½個
万能ねぎ　2本
パクチー　2株
にんにくのみじん切り　少々
米油（サラダ油でも可）　大さじ3
◆ 合わせ調味料
　生赤唐辛子　2本（または赤ピーマン1/2個）
　A ナムプラー　大さじ3強
　　マナオ果汁（またはライムのしぼり汁）　大さじ3強
　　きび砂糖　小さじ1

1. フライパンに油を熱し、卵を1つずつ割り入れて目玉焼きを作る。揚げ焼きにして、両面を焼いたら、3cm角程度に切る。
2. 赤玉ねぎは縦に薄切りにして、3cm長さに切る。トマトはひと口大に切り、万能ねぎは1cm長さに切る。
3. 合わせ調味料の生赤唐辛子はみじん切りにして、ボウルに入れる。Aを加えて混ぜ合わせ、にんにく、葉のみをちぎったパクチー、1と2を加えてざっくり混ぜる。

🌐 **世界の卵料理事情**

マナオはみかん科の果実。レモンやライムに似ていますが、ちょっとちがいます。本格的なタイ料理には欠かせません。アジアの食材店などで果汁を販売しているのをみつけたら、ぜひ使ってみてください。

メキシコ

トルティーヤ目玉焼きのせ　ウエボスランチェロス

メキシコの定番の朝ごはんのひとつ。トルティーヤの上に
トマトベースでピリ辛なソース、サルサランチェラと半熟の目玉焼きをのせて
食べるようにしました。卵をくずしてソースとからめてどうぞ。

材料 2人分
卵　4個
トルティーヤ（コーンでも小麦粉でも好みで）　4枚
シュレッドチーズ　10g
パクチー　適量
米油（サラダ油でも可）　少々
オリーブオイル　少々

♣ ソース（サルサランチェラ）
トマト水煮缶　200g
玉ねぎ　½個
ピーマン　1個
にんにくのみじん切り　1かけ分
ハラペーニョ（または青唐辛子）　1本
ブイヨンの素（固形）　1個
オリーブオイル　大さじ1
塩　適量
水　150㎖

メキシコ

1 ソースを作る。玉ねぎとハラペーニョはみじん切りに、ピーマンは粗みじんに切る。鍋にオリーブオイルを熱してにんにくを炒め、香りが立ったら玉ねぎを加えてしんなりするまで炒める。

2 ①にピーマンとトマト缶、ブイヨンの素と水を加え、中火弱で20分ほど煮込んだら塩で味を調える。

3 フライパンに油を熱し、卵を割り入れる。半熟目玉焼きを作って取り出す。

4 ③のフライパンにオリーブオイルを足して熱し、トルティーヤを入れて両面に焼き色がつくまで焼く。

5 ④を器に盛り、トルティーヤ1枚に目玉焼きを1つのせ、まわりにソースをのせる。チーズと粗みじんに切ったパクチー、小口切りにしたハラペーニョ（分量外）も散らす。

目玉焼き

卵と大葉のアンチョビガーリック丼

これはオリジナルレシピ。アンチョビ、ガーリック、しょうゆにバターの組み合わせは間違いなくおいしいので、ソースにして、半熟の目玉焼きをのせたご飯にかけました。たっぷりの大葉もお忘れなく。

材料 2人分
卵　2個
大葉　20枚
黒こしょう　少々
ご飯　茶碗2杯分
米油（サラダ油でも可）　適量

　にんにくのみじん切り　½かけ分
　アンチョビ（フィレ）　1尾
　バター（無塩）　大さじ1
　酒　大さじ½
　みりん　小さじ½
　しょうゆ　小さじ1

1　フライパンに油を熱し、卵を割り入れて好みのかたさの目玉焼きを作る。
2　大葉は縦半分に切ってから、ごく細いせん切りにして水にさらして、水けをとる。
3　ソースを作る。フライパンかソースパンににんにくとバターを入れて火にかけ、泡が立ってきたら弱火にする。香りが立ってきたらアンチョビを加え、酒、みりん、しょうゆも加えてひと煮たちさせ、火を止める。
4　丼にご飯を盛り、目玉焼きをのせる。まわりに水けをよくきった2をのせ、3のソースをまわしかけ、黒こしょうをふる。

コンビーフハッシュ

ハワイ

アメリカのダイナー（食堂）などにある定番の朝ごはん。
シンプルなのにおいしい。混ぜて食べたり、トーストにのせたり。

材料 2人分
卵　4個
ハッシュドポテト（冷凍・市販品）　2枚
コンビーフ缶　小1缶（80ｇ）
塩、こしょう　各適量
米油（サラダ油でも可）　大さじ4
ケチャップ　適宜

ハワイ

❶ ハッシュドポテトは解凍する。フライパンに油大さじ3を熱し、ハッシュドポテトを入れて片面3分ずつ焼く。途中、フライ返しなどで細かくほぐす。
❷ ❶にほぐしたコンビーフを入れて炒め合わせ、塩、こしょうを加える。コンビーフがカリカリになるまで炒めたら、器に盛る。
❸ フライパンに油大さじ1を熱し、卵を割り入れて半熟目玉焼きを作る。❷にのせて、こしょう適量をふる。

ポーチギーライス

ハワイ

ポーチギーソーセージはハワイのドライブインのモーニングプレートには欠かせない、ピリ辛のソーセージです。
ハワイの卵かけごはんのようなもの。卵をくずしながら食べます。

材料 2人分
卵　2個
ポーチギーソーセージ（辛口ウインナーでもよい）　1本
ご飯　茶碗2杯分
シーズニングソース　適量
米油（サラダ油でも可）　小さじ2

ハワイ

1️⃣ ポーチギーソーセージは斜め切りにして、油小さじ1を熱したフライパンで両面こんがり焼いて取り出す。
2️⃣ 1️⃣のフライパンに油小さじ1を足して強火で熱し、卵を割り入れる。ふたをせずに弱火で焼き、半熟の目玉焼きを作る。
3️⃣ 器にご飯をアイスクリームのように丸く盛りつけたら、1️⃣と2️⃣を添えて、シーズニングソースをかける。

CHAPTER 3
オムレツ

オムレツという調理法は、「溶いた卵を焼く」というのが基本。日本の厚焼き卵もいわばオムレツの一種です。オムレツは世界中で作られていますが、中に入れる具材や添えるソース、そして形もさまざまで、その国の個性があらわれる卵料理です。きざんだ切り干し大根を入れた台湾の名物料理や、ハーブ好きなベトナムならではのディルとあさりがたっぷりのオムレツ、クルーズ船の船旅で食べたヨーグルトソースで食べるイランのオムレツなど、料理を作っていると、旅した思い出もよみがえってくるのです。

あさりとディルのオムレツ

ベトナム

東京のベトナム料理屋さんで食べた味を私なりにアレンジしました。ベトナムの人たちはハーブが大好きで、これもディルをたっぷり入れたさわやかな風味。あさりともよく合います。

材料 2人分
卵　2個
あさり　10個（水煮缶）
ディル　4〜6本
にんにくのみじん切り　小さじ1
米油（サラダ油でも可）　大さじ2
塩、こしょう　各少々
◆たれ
　生赤唐辛子　1本
　シーズニングソース　大さじ1

① あさり水煮缶を開け、むき身と缶汁を分けておく。
② ディルは葉をちぎってみじん切りにする。ボウルに卵を割りほぐし、ディル、あさりの缶汁大さじ1、塩、こしょうを加えて混ぜる。
③ フライパンか中華鍋に油を熱し、にんにくを炒める。香りが立ったらあさりの身を加えて強火にして炒め、②を流し入れて混ぜながら半熟に火を通す。半分に折ってオムレツ型に整える。
④ たれの生赤唐辛子は輪切りにし、シーズニングソースに加える。オムレツに添えてかけて食べる。

🌐 **世界の卵料理事情**
ベトナムでこのレシピのように半熟のオムレツが出されることはありません。今回は、浅草の人気のベトナム料理店のオムレツを、半熟にしてアレンジしました。

韓国風オムレツ ケランマリ

韓国の居酒屋メニューの定番です。にんじんとチーズが入った
やさしい味の卵焼きで、韓国の人たちはケチャップをつけたりもします。
韓国ではチーズなしバージョンもあります。

材料 2～3人分
卵　4個
にんじん　1/6本
長ねぎ　1/2本
ピザ用チーズ　20ｇ
塩、こしょう　各適量
ごま油　適量

① ボウルに卵を割り入れて溶きほぐし、塩、こしょうを加える。
② にんじん、長ねぎはみじん切りにして、軽く塩、こしょうをふって①に加える。
③ フライパンにごま油を熱し、②の卵液の1/5～1/6量を流し入れる。ピザ用チーズを散らして手前側から巻き込んでいく。途中でごま油を足しながら、同様に卵液を流してチーズを散らして巻くのを繰り返して焼き上げる。

> **⊕ 世界の卵料理事情**
> ケランマリは韓国語で「卵焼き」のこと。ソウルなどの飲み屋街にはケランマリを売りにする店が集まる「ケランマリ横丁」があるほどの人気料理なのです。最近はかに風味かまぼこ入りが人気です。

|台湾|

切り干し大根のオムレツ 菜脯蛋(ツァイプータン)

台湾の卵料理の大定番。本場では塩漬けの大根を使いますが、切り干し大根を使って日本風にアレンジしました。
卵と切り干し大根の食感の組み合わせが楽しいオムレツです。

材料 5～6人分
卵　5個
切り干し大根　30g
万能ねぎ　2～3本
A にんにくのすりおろし　小さじ½
　 しょうゆ　大さじ1
　 塩　少々
　 ごま油　小さじ1
太白ごま油　少々
ごま油　大さじ2

1 切り干し大根はたっぷりの水で戻してよく洗ったら、米粒大にきざむ。水けを絞ってAをもみ込んで下味をつける。万能ねぎは小口切りにする。
2 フライパンに太白ごま油を熱し、万能ねぎを炒めてから切り干し大根を加えて炒める。いったん取り出して冷ましておく。
3 ボウルに卵を割りほぐし、粗熱が取れた2を入れて混ぜる。中華鍋にごま油を熱し、卵液を流し入れて丸く焼く。ときどき中央を菜箸でかき混ぜて、中華鍋の中でまわすようにして火を通す。片面が焼けたら、フライ返しなどで返して両面を焼く。

🌐 世界の卵料理事情

もとは肉の代わりに塩漬けの干し大根を入れたのがはじまりという台湾の卵焼き「菜脯蛋（ツァイプータン）」。家庭料理としてお馴染みの一品です。

タイ

ひき肉オムレツ カイジョウ ムーサップ

タイの定食屋さんには必ずある、定番オムレツ。これはひき肉入りですが、入っていないものもあります。おかずになるオムレツで、ピリ辛のチリソースをかけて、ご飯と一緒に混ぜながら食べます。

材料 2人分
卵　2個
豚ひき肉　50g
万能ねぎ　2本
A　ナムプラー　小さじ½
　　こしょう　2ふり
米油　大さじ3
パクチー　適量
チリソース　適量
ご飯　適量

1 ボウルに卵を割りほぐし、ひき肉、小口切りにした万能ねぎ、Aを加えて混ぜる。
2 フライパンか中華鍋に油を入れて強火で熱し、1を流し入れる。卵に油をかけながら丸く焼き、かたまってきたらひっくり返して両面に火を通す。
3 卵がこんがり焼けたら、ご飯とともに器に盛り、ざく切りにしたパクチーの葉をのせて、チリソースを添える。

> **世界の卵料理事情**
> タイでは路上にカイジョウ専門店が出ていて、さまざまな具をチョイスして、その場で揚げ焼きにしてビニール袋に入れてくれます。チリソースも小さなビニール袋に入れて風船のように膨らませます。

イラン

ハーブオムレツ ククサブジ

クルーズ船で旅をしたとき、その客船内で食べたオムレツです。
青菜やハーブがたっぷりで、ヨーグルトソースでいただきます。
旅客船で、各国の料理が食べられたのが楽しい思い出です。

材料 16cmのフライパン1枚分
卵　3個
くるみ　大さじ½
A ターメリック　少々
└ 塩、こしょう　各少々
B サラダほうれんそう（小松菜でもよい）　2株
│ パセリの葉　1本分
│ パクチー　1株
└ ディル　3本
オリーブオイル　大さじ2
◆ソース
│ グリークヨーグルト（水きりしたプレーンヨーグルトでもよい）　200g
│ にんにくのすりおろし　小さじ½
│ レモン汁　小さじ½
│ 塩　小さじ½

1 ボウルに卵を割り入れ、溶きほぐし、きざんだくるみとAを加えて
混ぜる。
2 Bはすべて細かくきざみ、①に混ぜる。
3 フライパンにオリーブオイルを熱して②を流し入れる。ふたをして、
中火弱でじっくり焼く。片面に火が通ったら皿をかぶせてひっくり返
し、皿から滑らせるようにフライパンに戻し、両面を焼く。
4 ソースの材料を混ぜる。③を器に盛って切り分け、ソースをかける。

オムレツ

スペイン風オムレツ トルティージャ

スペインのバルで食べた定番の卵料理。スペインバルでは具材はじゃが芋だけのことも多いのですが、このレシピは生ハムも入っているので、うまみが増して食べごたえもあります。

材料 16cmのフライパン1枚分
卵　3個
生ハム　20g
じゃが芋　½個
玉ねぎ　¼個
なす　½本
赤パプリカ　¼個
ピーマン　1個
ズッキーニ　¼本
パセリのみじん切り　少々
トマトソース（市販品 くせのないシンプルなもの）　大さじ1
オリーブオイル　適量
塩、こしょう　各適量

スペイン

❶ じゃが芋は皮をむいて1cm幅の半月切りにして、かためにゆでる。
❷ 玉ねぎ、なす、赤パプリカ、ピーマン、ズッキーニも、じゃが芋の大きさに合わせて切る。生ハムは食べやすく切る。
❸ フライパンにオリーブオイル少々を熱して、❷の野菜に火が通るまで炒めて、塩、こしょうをふりボウルに取り出す。
❹ ❸のフライパンにオリーブオイル少々を足し、❶を炒めて塩、こしょうをふり、やわらかくなったら❸のボウルに加える。
❺ 別の大きめのボウルに卵を割りほぐし、❹、生ハム、トマトソース、パセリを加えて混ぜる。
❻ フライパンにオリーブオイル大さじ2を熱し、❺を流し入れる。菜箸で大きくかき混ぜながら強火である程度火を通したら、丸く成形する。ふたをして片面が焼けるまで中火で焼いたら、皿をかぶせてひっくり返し、皿から滑らせるようにフライパンに戻し、もう片面を焼く。

青唐辛子としらすのオムレツ

イタリア

日本のあるイタリア料理店の看板料理。とてもおいしかったので、私なりのレシピにアレンジしました。モッツァレラチーズ入りの深みのある味。青唐辛子のピリッとした辛味がアクセントです。

材料 直径14〜15cmのフライパン1枚分
卵　2個
釜揚げしらす　30g
青唐辛子　1本（韓国唐辛子1/2本でもよい）
フレッシュモッツァレラチーズ　20g
◆**にんにくオイル**
　にんにく　1かけ
　オリーブオイル　大さじ1
塩　少々
こしょう　少々
オリーブオイル　小さじ2
レモンの輪切り　2枚

イタリア

1 卵は冷蔵庫から出して室温に戻す。青唐辛子は小口切りにする。
2 にんにくオイルを作る。にんにくはみじん切りにする。フライパンにオリーブオイル、にんにくを入れ、弱火で炒める。香りが立ってきたら火を止める。
3 ボウルに卵を割り入れ、2のにんにくオイルと塩、こしょうを加えてさっと混ぜる（混ぜすぎない）。しらすを加え、モッツァレラチーズをちぎって加えて混ぜる。
4 フライパンにオリーブオイルを熱し、青唐辛子を炒める。香りが立ったら3を流し入れ、まわりの卵液を中央に寄せるようにしながら混ぜる（混ぜすぎないこと）。まわりがかたまってきたら、フライパンをゆすりながら中火で焼く。
5 片面に火が通ったら皿をかぶせてひっくり返し、皿から滑らせるようにフライパンに戻し、もう片面を焼く。皿に盛ってレモンを添える。

オムレツカツ

日本

母が作ってくれた、はんぺんにひき肉を詰めてカツにしたものが私は大好きでした。はんぺんを卵に代えて作ってみました。やわらかなオムレツとサクサクした衣の組み合わせがおいしい。

日本

材料 2人分
卵　3個
豚ひき肉　100g
玉ねぎ　½個
バター（無塩）　大さじ1
しょうゆ　小さじ1
片栗粉、水　各小さじ2
塩、こしょう　各適量
米油　適量
（サラダ油でも可）
揚げ油　適量
キャベツのせん切り　適量

◆ **バッター液**
溶き卵　1個分
薄力粉　大さじ3
水　50ml
薄力粉、生パン粉　各適量

◆ **ソース**
カレー粉　小さじ1
ケチャップ　小さじ2
中濃ソース　大さじ3

1. 玉ねぎはみじん切りにする。フライパンにバターを熱し、玉ねぎを透き通るまで炒め、ひき肉を加える。塩、こしょうを加え、ひき肉がパラパラになるまで炒めたら、しょうゆを加えてひと混ぜする。片栗粉を水で溶いて加えてとろみをつけ、火を止めて冷ます。
2. ボウルに卵を割りほぐし、塩、こしょうを加えて混ぜる。小さめのフライパンに油を熱し、卵液の半量を流して広げ、1の半量を手前にのせてオムレツ型に巻く。残りも同様に作る。それぞれをラップで包み、端をねじる。
3. バッター液の材料を混ぜ合わせる。2が冷めたらラップをはがしてから薄力粉、バッター液、生パン粉の順に衣づけし、180℃に熱した揚げ油できつね色になるまで揚げて油をきる。
4. ソースの材料を混ぜる。3を器に盛って、キャベツのせん切りを添え、ソースをかける。

CHAPTER 4
卵が主役の一品

中華料理のトマトと卵の炒めものなど、各国の代表的な卵料理を紹介します。主菜になるような、食べごたえのある料理を中心に構成しました。イラクやアフガニスタン、トルコなどの中東の卵料理が、今世界中でトレンドになっています。スパイスをきかせたり、香味野菜をたっぷり入れて作ります。日本の家庭でも作りやすいレシピにしてあるので、ぜひ作ってみてください。

中国

豚ひき肉の中華風茶碗蒸し 肉末蒸蛋
（ロウモーツェンダン）

しょうゆや紹興酒で下味をつけたひき肉を、
卵液と合わせて蒸しあげたふるふるとやわらかな茶碗蒸しです。
蒸しあがったらごま油やしょうゆをまわしかけて食べてみてください。

材料 2人分
卵　2個
豚ひき肉　50g
A 長ねぎのみじん切り　小さじ2
　しょうゆ　小さじ½
　紹興酒（酒でもよい）　小さじ1
　塩　少々
　こしょう　少々
B 鶏がらスープの素（顆粒）　小さじ½
　塩　少々
　水　200㎖
しょうゆ、ごま油　各小さじ1
万能ねぎ　適量

① ひき肉をボウルに入れてAを加えてよく混ぜる。
② 別のボウルに卵を割りほぐし、Bを加えてよく混ぜたら、①も加えて混ぜる。
③ ②を器に流し入れ、蒸気の上がった蒸し器に入れる。強火で1分、中火弱にして10分蒸す。竹串で刺して透明な汁が出たら火を止め、しょうゆとごま油をまわしかけ、小口切りにした万能ねぎを散らす。

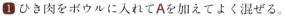

> 🌐 **世界の卵料理事情**
> 日本の茶碗蒸しのイメージと違い、中国では茶碗蒸しをご飯にぶっかけて食べます。ご飯はジャスミンライスで、混ぜながら食べるのがおいしいのです。

卵が主役の一品

56

 中国

トマト卵炒め
西紅柿炒鶏蛋 シーホンシーチャオジーダン

中国の代表的な家庭料理で、味つけは地方や作る人によりさまざま。
こくや甘みが強いのが特徴の中国しょうゆがまろやかなおいしさです。

材料 2人分
卵　2個
トマト（かためのもの）　大1個
A 砂糖　小さじ½
　塩　ひとつまみ
中国しょうゆ（なければしょうゆでもよい）　小さじ1
塩　少々
太白ごま油　適量

1. トマトは大きめの一口大に切り、ボウルに入れてAをふっておく。
2. ボウルに卵を割りほぐし、よく溶く。
3. 中華鍋に太白ごま油大さじ1を熱し、煙が出たら2の卵液を一気に入れて軽く混ぜ、半熟になったらボウルに取り出す。
4. 3の鍋に太白ごま油小さじ1を足して熱し、1を出た汁ごと入れ、最大の強火で20秒くらい炒めたら、塩少々を足して中国しょうゆをまわし入れる。3も戻し入れ、トマトの汁を吸わせるように手早く混ぜて皿に盛る。

韓国風蒸し卵 ケランチム

韓国

「ケラン」は卵、「チム」は蒸すという意味。韓国の茶碗蒸しのようなもので、「トゥッペギ」という韓国の土鍋で作ります。

材料 2人分
卵　4個
かに風味かまぼこ　3本
万能ねぎ　2本
ごま油　小さじ1

A　牛肉ダシダ　小さじ1
　（牛肉だしの素調味料）
　みりん　小さじ1
　塩　ひとつまみ
　水　150㎖

① かに風味かまぼこは1cm長さに切ってほぐし、万能ねぎは小口切りにする。
② ボウルに卵を割りほぐし、Aを加えて混ぜ、①も加えて混ぜる。
③ トゥッペギ（韓国の土鍋）に②を流し入れて中火にかける。底からゴムべらで大きく混ぜながら、全体がかたまるまで火を通す。
④ 卵がふわっとかたまってきたら、鍋の直径に合った大きさのふたをして（ステンレスのボウルなどでもよい）、卵がふくらんでくるまでとろ火で加熱する。ごま油をかけて食べる。

中国

にらたま餃子

中国の家庭料理。具は卵とにらとザーサイですが、これがおいしいのです。東京・立石の中華料理屋さんで食べて、とても好きになった味。水餃子にするのもおすすめです。

材料 24個分
卵　4個
にら　1½束
ザーサイ（びん詰）　45g
餃子の皮　24枚
塩、こしょう　各少々
ごま油　適量
太白ごま油　適量
酢じょうゆ、ラー油　各適量

① にらは5mm長さに切り、ザーサイは粗みじんに切る。ボウルに卵を割りほぐし、塩、こしょうをふる。
② フライパンに太白ごま油とごま油を大さじ1ずつ入れて熱し、にらを加えてさっと炒め、軽く塩、こしょうをふる。ザーサイと溶き卵も加えて、炒り卵状に火を通して取り出す。
③ ②の粗熱が取れたら、餃子の皮で包む。皮のふちに少量の水を塗り、ひだを寄せてしっかり口を閉じる。
④ フライパンに油を熱し、③を並べ、餃子の3分の1までお湯を入れてふたをする。水気がなくなったら油を足して中火で底面がカリカリになるまで焼く。好みで酢じょうゆ、ラー油をつけて食べる。

卵が主役の一品

ベトナムお好み焼き バインセオ

本来のバインセオは、薄力粉や上新粉などを合わせて焼く、パリパリした食感。
これは卵にココナッツミルクなどを加えて作るやわらかな生地にアレンジしました。

材料 2人分

卵　4個

A コーンスターチ（片栗粉でもよい）　小さじ2
  ┌ ココナッツミルク　大さじ1
  └ ナムプラー　小さじ½

豚薄切り肉（ひと口大に切る）　30g

むきえび　8尾

玉ねぎの薄切り　¼個分

もやし　½袋

にんにくのみじん切り　小さじ1

塩、こしょう　適量

米油（サラダ油でも可）　適量

◆つけ合わせ
  ライスペーパー　適量
  ミント、バジル、パクチー、大葉、サニーレタスなど　各適量

◆ヌクチャムだれ
  ナムプラー　大さじ2
  酢、砂糖、水　各大さじ1強
  にんにくのみじん切り、赤唐辛子のみじん切り　各少々

1️⃣ ボウルに卵を割りほぐす。コーンスターチをココナッツミルクで溶き、Aを溶き卵に加えて混ぜる。

2️⃣ ヌクチャムだれの材料をよく混ぜる。

3️⃣ フライパンに油小さじ1を熱し、にんにく、玉ねぎ、豚肉、えびを炒めてから、もやしも加えて強火でさっと炒める。塩、こしょうをふって取り出す。

4️⃣ 3️⃣のフライパンをさっと洗い、油大さじ1を熱し、1️⃣の卵液の半量を入れて大きく広げる。表面が半熟状になって底がカリッとしたら、3️⃣の具の半量をのせて、手前から半分に折って皿に盛る。もうひとつも同様に焼く。つけ合わせのハーブや葉物野菜とともに、水で戻したライスペーパーで包み、ヌクチャムだれをつけていただく。

羊のひき肉と卵料理 マクラマ ラーム

イラク

クルーズ船で出合った、ラム肉にクミンやカレー粉などの
スパイスを加えた中東風の味。ぜひラム肉で作ってみて。
ひき肉が入手できない場合は肉を包丁で叩いて使ってみてください。

材料 2人分
卵　2個
ラム肉（包丁で細かく切る）　250g
玉ねぎ　中½個
トマト　80g
A カレー粉、黒こしょう　各小さじ½
　塩　小さじ1
パセリのみじん切り　カップ¼
赤唐辛子の粗みじん切り　小さじ½
パクチーの粗みじん切り　適量
オリーブオイル　大さじ2
ナン　適宜

イラク

1. 玉ねぎはみじん切りにし、トマトはへたをとってざく切りにする。
2. フライパンにオリーブオイルを熱して、玉ねぎを加える。透き通ってきたら、ラム肉を加えてパラパラになるまで炒め、A、パセリの半量、赤唐辛子、トマトを加える。
3. トマトがくずれるまで炒めたら、スキレットなどに半量ずつ入れ、中央に卵を1つずつ割り入れる。中火にかけて卵が好みのかたさになったら火からおろし、残りのパセリとパクチーを散らす（オーブンに入れて卵が半熟になるまで火を通してもよい）。好みでナンを添える。

> 🌐 **世界の卵料理事情**
> イラクなど中東では、このページや66ページの料理のように、仕上げに卵を落とし入れ、かき混ぜながら余熱で火を通して食べるスタイルがよく見られます。

アフガニスタンの卵焼き エッグアフガーニ

娘が駐在しているドイツのミュンヘンにあるアフガニスタン料理の店で食べました。シルクロードの料理なので、インドやトルコなどいろいろな国の味がミックスされた一品です。

アフガニスタン

材料 2人分
卵　2個
じゃが芋　大½個
紫玉ねぎ　⅓個
トマト　1個
青唐辛子　2本
ドライオレガノ　小さじ1
チリパウダー　小さじ½
コリアンダーパウダー　適量
塩　小さじ1
オリーブオイル　大さじ2
パクチーの葉　適量

1 じゃが芋と紫玉ねぎは1cm角に、トマトは2cm角に切る。卵は小さなボウルに割り入れておく。

2 フライパンにオリーブオイルを熱して、中火でじゃが芋を1分炒め、玉ねぎも加えて炒める。玉ねぎがしんなりしたら、塩とオレガノ、トマトを加えて5〜6分炒める。

3 ②のじゃが芋に大体火が通ったら、中央を少しへこませて卵をそっと割り入れる。卵に半分くらい火が通ったらチリペッパー、コリアンダーパウダーをふり、細切りにした青唐辛子を散らし、ふたをして5分火を通す。器に盛り、葉をちぎったパクチーを最後に散らして、卵をくずしながら、熱々を食べる。

卵が主役の一品

モロッコ

トマトと卵の煮込み シャクシュカ

ニューヨークから火がついて、今や世界の朝食の定番メニュー。トマトをベースに、玉ねぎやピーマンなどの香味野菜やスパイスを入れた料理です。トマトの酸味を半熟とろとろ卵がマイルドに。

モロッコ

材料 2人分
卵　2個
トマト水煮（カットタイプの缶詰）　200ｇ
玉ねぎ　½個
パプリカ（赤）　½個
ピーマン　1個
ベーコン（スライス）　30ｇ
カッテージチーズ　20ｇ
A にんにくのみじん切り　小さじ½強
　クミンシード　0.5ｇ
　赤唐辛子　1本
B クミンパウダー、パプリカパウダー　各0.5ｇ
　ナツメグパウダー　少々
　塩　1ｇ
オリーブオイル　大さじ1
パクチー　適量

① 玉ねぎ、パプリカ、ピーマン、ベーコンは1cm角に切る。
② 鍋にオリーブオイルを熱し、**A**を加えて弱火で炒める。香りが立ってきたら①を加えて炒め、しんなりしてきたら**B**を加えてよく炒める。
③ ②にトマト水煮を加え、混ぜながら弱火で10分ほど煮る。スキレットに移し入れて卵を割り落とし、卵のまわりにカッテージチーズを散らす。弱めの中火にかけて、卵が好みのかたさになるまで火を通す（オーブンに入れて卵が半熟になるまで火を通してもよい）。みじん切りにしたパクチーを散らす。

卵が主役の一品

68

牛ひき肉と卵のグラタン

昔行きつけにしていたダイニングバーの名物料理。
大好きだったのですが、お店を閉めてしまったので、自分で再現しています。
牛ひき肉をデミグラスソースなどで煮込んで、トマトやチーズをのせ、
卵を落として焼きます。くずしながら食べると最高においしいのです。

日本

材料 2人分
卵　2個
牛ひき肉　200ｇ
玉ねぎ　¼個
にんにくのみじん切り　ひとかけ分
赤ワイン　大さじ1
A　デミグラスソース缶（ハインツ シェフソシエ）　60ｇ
　　コンソメ（顆粒）　少々
　　ケチャップ　小さじ1弱
　　塩　小さじ¼
　　こしょう　適量
ナツメグパウダー　少々
トマトの水煮（缶詰）　1個（完熟トマトのくし形切り6切れでもよい）
マッシュルームの水煮（スライス缶詰）　30ｇ
ピザ用チーズ　適量
塩、こしょう　各適量
米油　適量

1 玉ねぎはみじん切りにする。
2 フライパンに油小さじ2を熱し、にんにくを弱火で炒める。香りが立ったら玉ねぎを加えて炒め、しんなりしたらひき肉を加え、肉の色が変わるまで強火で炒める。
3 ②にワインを入れてAも加え、混ぜながら汁けがなくなるまで煮る。油が浮いたら取り除く。味をみて足りないようなら、塩、こしょうをふり（チーズをのせるのでその分を考えて塩をする）、ナツメグをふる。
4 耐熱皿に油少々を薄く塗って③を平らにのばし、水煮缶のマッシュルームとトマトをのせる。トマトの上には塩少々をふる。中央にくぼみを作って卵を割り入れ、まわりにチーズを散らす。250℃に予熱をしたオーブンで卵が半熟になるまで5〜6分焼く。卵をくずして、よく混ぜて食べる。お好みでトルティーヤではさんでも。

卵が主役の一品

たらとフライドポテトの卵あえ　バカリャウ ア ブラース

ポルトガルでは塩漬けの干しだらを使いますが、
日本では入手しにくいので生のたらにしっかり塩をふり、
脱水してから使います。たらのむちっとした食感に卵がからみます。

材料 2人分
卵　2個
生たら切り身　150g
じゃが芋　2個
玉ねぎ　½個
にんにくのみじん切り　1かけ分
ブラックオリーブ（スライス）　6枚
パセリのみじん切り　適量
オリーブオイル　大さじ2
塩　適量
こしょう　少々
揚げ油　適量

ポルトガル

①生たらの両面にしっかり塩をふる。キッチンペーパーで包んでから、ラップに包んで冷蔵庫で一晩おく。皮と骨を取り除き、一口大に切る。
②じゃが芋は細切りにして1時間ほど水にさらし、キッチンペーパーで水けをしっかりふき取り、180℃の油でカリカリになるまで揚げる。
③玉ねぎは縦に薄切りにし、卵は溶きほぐす。
④フライパンにオリーブオイルを熱し、にんにくを炒める。香りが立ったら玉ねぎも加えて透き通るまで炒めたら、①を加えて炒め、塩、こしょうをふる。
⑤④にじゃが芋を加えてさっと炒める。溶き卵も加えて炒め、半熟くらいになったら火からおろす。器に盛ってオリーブとパセリを散らす。

◉ 世界の卵料理事情

魚介類が豊富なポルトガルで最も消費量が多いのが「バカリャウ」です。「バカリャウ」とはたらの身を塩漬けにして乾燥させたもので、卵とも好相性なのです。

卵が主役の一品

トルコのスクランブルエッグ メネメン

トルコ

日本のトルコ料理屋さんで食べました。
トルコではとてもポピュラーな味。玉ねぎやピーマンなどの香味野菜やトマトに卵がからみます。トーストにのせてもおいしいです。

材料 2人分
卵　2個
玉ねぎ、ピーマン　各1/2個
トマト　1個
カイエンヌペッパー　適量
バター　大さじ1
塩　小さじ1/4
黒こしょう　適量

1 玉ねぎはみじん切り、ピーマンは粗みじんに切り、トマトは湯むきをして粗くきざむ。
2 フライパンにバターを熱して玉ねぎを炒め、しんなりしたらピーマンも加えて炒める。トマト、塩、こしょう、カイエンヌペッパーを加えて炒める。
3 トマトの水分が蒸発しすぎないように煮たら、卵を割り入れ、つぶしながらざっくり大きくかき混ぜる。火を止めてふたをして2〜3分蒸らして器に盛る。

🌐 世界の卵料理事情
トルコの伝統料理「メネメン」。卵とトマトの組み合わせが定番で朝食メニューとして食されていますが、玉ねぎなどを加えた場合はメインディッシュにもなります。

卵が主役の一品

CHAPTER 5
おつまみ

卵はちょっとしたお酒のおつまみを作りたいときにも便利です。味つけや食材との組み合わせ次第で、ビールやワイン、日本酒や焼酎など、いろいろな種類のお酒に合うおつまみが完成します。
ここで紹介しているのは、食べごたえのある市場めしや手早く作れる一品、スペインのバルで出合い、帰国後さっそく作ってみたかわいらしいピンチョスなど、お酒が好きな私がよく作る卵のつまみたちです。

炒り卵と明太子の春巻き

日本

砂糖を加えてほんのり甘みをつけた炒り卵と、明太子を合わせた春巻きです。卵と明太子の甘じょっぱい味が春巻きのパリパリ食感を引き立てます。大葉とのりの風味も味のアクセントに。

日本

材料 4本分
卵　3個
A 砂糖　小さじ1
　塩　少々
辛子明太子　40g
大葉　8枚
焼きのり 15cm×10cm　4枚
春巻きの皮　4枚
◆水溶き小麦粉
　薄力粉　大さじ1
　水　大さじ2
揚げ油　適量

❶ 炒り卵を作る。ボウルに卵を割りほぐし、Aを混ぜる。フライパンに油少々（分量外）を熱して卵液を流し入れ、菜箸4本で混ぜながらやわらかく焼く。明太子は皮を取ってほぐす。

❷ 春巻きの皮を広げる。大葉を2枚横並びにのせ、その上にのり、炒り卵、真ん中に明太子をのせる。手前からひと巻きして、両サイドもたたんで巻き込み、しっかり包む。巻き終わりは、よく混ぜた水溶き薄力粉をつけて止める。

❸ 揚げ油を180℃に熱して②を入れ、きつね色になるまで揚げて油をきる。

チャーシューエッグ

日本

かつて築地市場にあった食堂の名物料理。がっつりお腹にたまる市場めしです。豚ばら肉で作るやわらかなチャーシューに、半熟の目玉焼きをのせて甘じょっぱいたれで食べるのがいいのです。

材料 作りやすい分量
卵　2個
豚ばらかたまり肉　400g
米油　適量
A にんじん　½本
　長ねぎの青い部分　1本分
　しょうがの薄切り　3枚
　にんにく　1かけ
　ローリエ　1枚
　黒こしょう（粒）　10粒
　水　1ℓ

◆煮込み用合わせ調味料
豚のゆで汁　1ℓ
しょうゆ　120mℓ
酒、みりん　各70mℓ
砂糖　60g
酢　大さじ1
キャベツのせん切り　適量

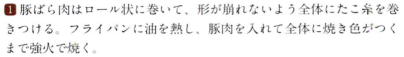
日本

1. 豚ばら肉はロール状に巻いて、形が崩れないよう全体にたこ糸を巻きつける。フライパンに油を熱し、豚肉を入れて全体に焼き色がつくまで強火で焼く。
2. 焼いた肉は下ゆでする。①を鍋に入れ、Aを加えて火にかける。沸騰したら落としぶたをして、弱火で2時間ほど煮る。途中で水が減ったら、肉が浸る程度に足す。圧力鍋を使う場合は30分加熱する。
3. 肉を取り出し、ゆで汁はざるでこす。ゆで汁の粗熱が取れたら、冷蔵庫で1日冷やし、かたまった脂をすべて取り除く。1ℓ分、煮汁の材料として取り分ける。
4. 豚肉がきっちり入るぐらいの大きさの鍋に、肉をかたまりのまま入れ、煮込み用合わせ調味料を注いで火にかける。沸騰したら弱火にして落としぶたをし、煮汁の量が半分以下になるまで2時間ほど煮込む。
5. 肉の粗熱を取ってから糸をはずし、食べやすく切る。器に盛り、キャベツと半熟に焼いた目玉焼きを添え、好みで煮汁少々をかける。

卵サラダの春巻き

初めて食べたのは娘と行った日本のアミューズメントパーク。
それをもとに、中にチーズを入れてアレンジしました。サンドイッチなどにすることが多い卵サラダですが、春巻きにしてもおいしいのです。

材料 6本分
卵　3個
スライスチーズ　1枚
玉ねぎ　中1/3個
塩　少々
A マヨネーズ　大さじ2強
└ 白こしょう　各少々
春巻きの皮　6枚
◆水溶き小麦粉
　│薄力粉　大さじ1
　│水　大さじ2
揚げ油　適量

日本

① 卵は好みのかたさにゆでて(7ページ参照) 1cm角に切る。スライスチーズは縦6等分に細長く切る。

② 玉ねぎは粗みじんに切って塩をふり、水にさらして水けをぎゅっと絞る。ボウルに卵と玉ねぎ、Aを合わせてよく混ぜる。

③ 春巻きの皮を広げ、6等分にした②をのせ、真ん中にチーズをのせてしっかり包む。巻き終わりは、よく混ぜた水溶き小麦粉をつけてとめる。水分が出るので、揚げる直前に包む。

④ 揚げ油を180℃に熱して③を入れ、きつね色になるまで揚げて油をきる。

スペイン

炒めきのこの卵黄添え きのこのプランチャ

スペイン・サンセバスチャンのバルのメニュー。
卵黄をくずしてソースがわりにして食べてください。きのこは複数合わせるとより味が複雑になっておいしくなります。マッシュルームはぜひ加えて。

材料 2人分
卵黄　2個分
ブラウンマッシュルーム　1パック
えのき茸　1/3袋
しめじ　1/2パック
生ハム　40g
にんにくのみじん切り　小さじ1強
塩　適量
こしょう　適量
オリーブオイル　大さじ1
イタリアンパセリ　適量
★きのこは好みのものでよい

スペイン

1️⃣ ブラウンマッシュルームは薄切りにし、えのき茸としめじに細かくほぐして塩少々をふる。生ハムは粗みじんに切る。
2️⃣ フライパンにオリーブオイルを熱し、中火できのこを炒める。こんがり焼き色がついたら裏返し、生ハムとにんにくも加え、こしょうをふってさらにさっと炒める。
3️⃣ ②を器に盛り、粗みじんに切ったイタリアンパセリを散らし、中央に卵黄を落とす。

🌐 **世界の卵料理事情**
世界各国、特に欧米では卵を生で食すのを見たことがない私ですが、唯一スペインだけは例外で、生の卵黄が出てきてびっくりしました。

おつまみ

ポテトと卵のピンチョス

スペイン

サンセバスチャンのバルで食べた料理。うずらの卵で目玉焼きとは！と、びっくりしました。おいしく作るポイントは、じゃが芋を極細スライサーでせん切りにしてサクサクに揚げること。

材料 2人分
うずらの卵　2個
じゃが芋　大½個
オリーブオイル　少々
塩　適量
揚げ油　適量

スペイン

① じゃが芋は皮をむき、スライサーでごく細いせん切りにする。水に5分ほどさらして水をかえ、さらに5分さらす。ざるにあげ、キッチンペーパーでしっかり水けを拭く。

② フライパンにオリーブオイルを熱し、うずらの卵を割り落として半熟の目玉焼きを作る。

③ 揚げ油を180℃に熱し、①を入れる。こんがり色づいてカリッとするまで揚げて油をきり、塩をふる。器に盛って②をのせる。

> **世界の卵料理事情**
> 卵事情ではありませんが、スペインのバルに行くとお酒をおいしく味わうことへの情熱をいつも感じます。シンプルで小さな料理でも実は手間がかかっています。ピンチョスにも卵はよく使われています。

春巻きの皮を使ったブリック

チュニジアンブリック

都内のレストランで知ったチュニジアの卵料理。使う食材は身近なものだったので、まねして作ってみたらとてもおいしくできました。水分が出ないよう、揚げる直前に包むのがコツです。

材料 2個分
卵　2個
じゃが芋　100ｇ
ツナ缶（オイル漬け・フレーク）　70ｇ
A｜カレー粉　小さじ½
　｜塩　小さじ¼
　└白こしょう　少々
溶けるチーズ（シュレッド）　40ｇ
トマトソース（市販品・シンプルなもの）
　小さじ2
春巻きの皮　2枚

◆**水溶き小麦粉**
　｜薄力粉　大さじ1
　｜水　大さじ2
レモン（くし形切り）　2個
パセリの粗みじん切り　適量
揚げ油　適量

1 じゃが芋は皮をむいて一口大に切って洗う。水がついたまま耐熱ボウルに入れ、ふんわりとラップをかけて電子レンジ（600W）で3分ほど、じゃが芋がやわらかくなるまで加熱する。簡単につぶせるようになったら取り出して、マッシャーか木べらでつぶす。

2 フライパンにツナ缶を油ごと入れ、1を加えて混ぜる。中火強にかけて炒め、Aを加えて調味する。火を止めて粗熱を取る。

3 揚げ油を170℃に熱し始める。2とチーズは2等分しておく。春巻きの皮を広げ、2を三角形の土手状にのせ（写真a）、中央に卵を1つ割り落とす（写真b）。その上にチーズとトマトソース小さじ1をのせ（写真c）、上部の2辺のふちによく混ぜた水溶き小麦粉をつけて口を閉じ、三角形にする（写真d）。なるべく空気が入らないように包む。

4 だれやすいので、3はひとつ包んだらすぐに170℃の揚げ油に入れる。三角形のてっぺんをつまんで、底辺が油につかるようにして揚げ始める。皮がかたまってきて色づいたら、揚げ油の中に全体を入れ、全体が色づくまで揚げる。残りも同様にして揚げて皿に盛り、パセリをふってレモンを添える。

卵とブロッコリーのオーロラソース

ゆで卵やブロッコリーなどに、とびっこのプチプチ食感を合わせました。オーロラソースはケチャップとマヨネーズに、おろしにんにくとレモン汁をプラス。いろいろな食感が楽しめます。

日本

材料 2人分
卵　2個
むきえび　40g
ブロッコリー　1/2株
♦ **とびっこ入りオーロラソース**
　とびっこ　大さじ1
　レモン汁　小さじ1
　ケチャップ　大さじ1
　マヨネーズ　大さじ2
　おろしにんにく　少々
　白こしょう　少々

1 卵はゆるめの半熟にゆでて(7ページ参照)。4等分のくし形切りにする。ブロッコリーは小房に分けて茎は皮を厚くむき、3cm幅に切る。

2 鍋に湯を沸かし塩少々(分量外)を加え、ブロッコリーを入れて2分ほどゆで、冷水に取ってしっかり水けをきる。続いてむきえびを加えて1分半ほどゆでてざるにあげ、粗熱を取る。

3 ボウルにオーロラソースの材料を入れてよく混ぜたら、2を加えて混ぜる。最後にゆで卵を加え、さっくりとつぶさないように混ぜて器に盛る。

フランス

卵のヴィネグレットソース

ホワイトアスパラガスの旬の時季に登場する、フランスのビストロ料理。
ワインビネガーの酸味がきいた卵のソースと合わせて食べるおしゃれな一皿。
アスパラガスは手軽な缶詰を使いましたが、生でもぜひ作ってみてください。

材料 2人分
卵　2個
ホワイトアスパラガス水煮缶（6本入り）　1缶
パセリのみじん切り　10g
A　白ワインビネガー　大さじ1
　　塩　小さじ½弱
　　黒こしょう　適量
エクストラバージンオリーブオイル　大さじ3強

フランス

1. 卵はかたゆでにして（7ページ参照）粗みじんに切る。ボウルに入れ、Aを混ぜ、オリーブオイルを少しずつ加える。よく混ぜ、パセリも加える。
2. 器にホワイトアスパラガスを盛りつけ、①をかける。

> 🌐 **世界の卵料理事情**
> 料理だけでなく卵を使ったソースも多く、フランス人の卵に対する愛はすごいといつも感じます。この料理は生のホワイトアスパラガスを使うのがおすすめ。出回る旬の時期は春から初夏です。

CHAPTER 6

スープ

心も体も満足させてくれる温かなスープ。食卓には欠かせない存在です。栄養豊富な卵を使ったスープは、ちょっと食欲のないときや、風邪気味のときにも重宝します。セロリを加えた酸辣湯や、かたくなってしまったパンをよみがえらせる卵とにんにくのスープ、卵とレモンの意外な組み合わせがおいしい一皿など、お気に入りの味をぜひ見つけてください。

トマト入り酸辣湯（サンラータン）

中国

セロリが入っていてとてもおいしいトマトタンメンが
有名なお店の味から着想して作ったのがこの酸辣湯。
セロリとしょうがが味の決め手。溶き卵が味をまろやかにしています。

材料 2人分
卵　1個
トマト　1個
セロリ　10cm
しょうが　1かけ
鶏がらスープ（鶏がらスープの素大さじ1を水で溶いたもの）　400mℓ
A しょうゆ　小さじ1½
　米酢　大さじ1
　砂糖　ひとつまみ
　塩、こしょう　各適量
◆水溶き片栗粉
　片栗粉　小さじ1½
　水　小さじ1½
ごま油　小さじ1
ラー油　適量
パクチー　適量

① トマトは3cm角に切り、セロリとしょうがはせん切りにする。
② 鍋にごま油を熱してセロリとトマトを炒め、しんなりしたら鶏がらスープとしょうがを加える。煮立ったらAを加えてさっと煮る。
③ ボウルに卵を溶きほぐす。②に水溶き片栗粉を少しずつ加えて混ぜる。とろみがついたら中火弱にして、卵液を細くたらしながらまわし入れる。
④ ふたをして弱火にし、卵が半熟状になったら器に盛り、ラー油をまわし入れる。葉をちぎってざく切りにしたパクチーを散らす。

スープ

スペイン

卵とにんにくのスープ ソパ デ アホ

スペインのカスティーリャ地方の伝統料理。かたくなったパンを
再利用して作るスープです。にんにくをきかせたパン粥のようなもので、
風邪をひいたり、元気をつけたいときにもおすすめです。

材料 2人分

卵　2個

バゲット（ハード系のパンがよい。
　　かたくなってしまったパンでも）　50g

生ハム　40g

にんにく　2かけ

A ブイヨン（固形）　1個
　スモークパプリカパウダー（パプリカパウダーでもよい）　小さじ1
　水　400ml

塩　適量

オリーブオイル　大さじ2

イタリアンパセリ、スモークパプリカパウダー　各適宜

1 バゲットは5cm角に切り、にんにくはつぶして5mm角の粗みじん切りにする。卵は溶きほぐす。

2 鍋にオリーブオイルを熱してにんにくを入れ、弱火で炒める。香りが立ってきたらバゲットを加え、クルトン状にカリッとするまでじっくり炒める。

3 ②にAを加えて5分煮て、ちぎった生ハムを加えて1分ほど煮る。塩で味を調え、溶き卵をまわし入れる。卵に火が通ったら器に盛り、好みでパプリカパウダーと粗みじんに切ったパセリを散らす。

スープ

98

ギリシャ風 卵とレモンのスープ

ギリシャで食べたスープ。鶏肉や玉ねぎ、セロリやにんじんなどをブイヨンで煮て、レモン汁をたっぷり加え、最後に溶き卵を。ご飯を入れているのでとろみがあります。レモンの酸味がおいしい。

材料 2人分
卵　1個
鶏もも肉　50g
玉ねぎ　1/8個
セロリ　10cm
にんじん　5cm
A ブイヨン（固形）　1 1/2個
　レモン汁　50mℓ
　水　500mℓ
ご飯　70g
レモンの薄切り　2枚
イタリアンパセリ　適量
塩、白こしょう　各適量
オリーブオイル　大さじ1

1 玉ねぎとセロリはみじん切り、にんじんはせん切りにする。
2 鶏肉は皮を取って小さめの一口大に切る。
3 鍋にオリーブオイルを熱して2を炒め、肉の色が変わったら1も加えて炒める。玉ねぎが透き通ってきたらAを加え、中火で15分煮たら、ご飯も加えて5分ほど煮る。
4 ボウルに卵を割りほぐしてよく混ぜ、3のスープをカップ1加えて混ぜておく。
5 3の鍋に4をゆっくり加えながら混ぜ、塩、こしょうで味を調える。卵に火が通ったら器に盛りつけ、レモンの薄切りを添え、みじん切りにしたパセリをのせる。

CHAPTER 7

ご飯・麺・パン

お腹がすいたときに手軽に食べられる、丼ものやサンドイッチ、オープンサンド、パスタなどを紹介します。10代のときに喫茶店で食べたトーストや、有名ホテルの看板メニューのフレンチトーストなど、大好きな一品へのオマージュを込めて、私なりのレシピにアレンジしているものも。手軽なワンプレートごはんや、ブランチなどに活用してみてください。

和風辛口カルボナーラ

以前、和風スパゲティ系のお店で食べた辛いカルボナーラ。
それがおいしくて、まねして作ってみたレシピです。
麺つゆを使い、手軽に、サッと作れるようにしました。

日本

材料 2人分
卵　2個
スライスベーコン　80g
にんにくのみじん切り　2かけ分
赤唐辛子　2本
A 麺つゆ（2倍希釈タイプ）　小さじ2
　粉チーズ　大さじ1
　バター（無塩）　20g
スパゲティ（太めのもの）　200g
オリーブオイル　大さじ2
黒こしょう　適量
粉チーズ　適量

① ベーコンは1cm幅に切り、赤唐辛子は小口切りにする。
② フライパンにオリーブオイルを入れ、にんにくと①を加えて弱火にかける。香りが立って、ベーコンが香ばしくなるまで炒める。
③ バターは電子レンジ（600W）に20秒かけて溶かし、卵は溶きほぐす。卵液にAを加えて混ぜる。
④ 鍋にたっぷりの湯を沸かし、塩大さじ1（分量外）を加えてスパゲティをゆでる。表示時間の1分前になったら②のフライパンにゆで汁100mlを加えて中火にかける。
⑤ スパゲティがゆであがったらざるにあげ、すぐに④のフライパンに入れて汁をからませる。弱火にし、③を加えてさっとからませ、器に盛って黒こしょうと好みの量の粉チーズをかける。

にらしょうゆ漬けの卵かけご飯

日本

このにらのしょうゆ漬けはご飯だけでなく、釜たまうどんや冷ややっこにかけたり、チャーハンに混ぜても。作っておくととても便利です。

材料 作りやすい分量
卵黄　人数分
✤にらのしょうゆ漬け
　にら　50g
　A しょうゆ　100㎖
　　酒　50㎖
　　みりん　50㎖
太白ごま油　大さじ5
ご飯　適量
白いりごま　適量

日本

1 にらのしょうゆ漬けを作る。にらは水洗いして固い軸の部分は切り落とし、葉をみじん切りにして耐熱ボウルに入れる。
2 太白ごま油をフライパンに入れて中火にかけ、煙が出るくらいまで熱する。1のボウルに一気に熱々の油を注ぐ。
3 Aを鍋に入れて中火にかけ、アルコールがとぶまで1分ほど煮立たせる。
4 清潔な保存容器に2と3を入れて冷蔵庫でひと晩おく。炊きたてのご飯に卵黄をのせ、にらのしょうゆ漬けをかけて白ごまをふる。

めんたまふりかけご飯

日本

ほぐした明太子に生卵とみりんを混ぜ、フライパンで炒ったふりかけ。
ゆで野菜やパスタにからめてもおいしいです。

材料 2人分
卵　1個
辛子明太子（皮を除いて）　40ｇ
みりん　小さじ1
ご飯　適量
もみのり　適量

❶ 明太子は皮を取り除く。ボウルに卵を割り入れて溶きほぐし、明太子を加えて混ぜる。みりんも加えて混ぜる。
❷ ①を鍋に入れて中火にかけ、泡立て器で混ぜながら、パラパラになるまで炒る。器にご飯を盛ってふりかけをかけ、のりをのせる。

えび入り粥 カオトムクン

タイ

タイのホテルの朝食ビュッフェに必ずある、ジャスミンライスを使ったやわらかくてサラサラなお粥。生卵を落として好きなかたさまで火を通し、半熟卵をくずしながら食べます。

材料 2人分
卵　2個
殻つきえび　小10尾
ジャスミンライス　200g
しょうがのせん切り　15g
A　しょうゆ（シーズニングソースでもよい）　小さじ½
　　ナムプラー　小さじ1
　　鶏がらスープの素（顆粒）　小さじ1
　　水　600㎖
こしょう　適量
万能ねぎ　適量
パクチー　適量
揚げにんにく（粗みじんに切って低温で揚げたもの）　適量

❶ えびは尾を残して殻をむき、背わたを取り除いて水洗いする。
❷ 鍋にAを入れて火にかけ、煮立ったらジャスミンライスを加えて弱めの中火で5分煮たら、えびとしょうがを加えて、こしょうをふり、ジャスミンライスがふっくらするまで10分ほど煮る。卵を割り落とし、好みの加減に火を通す。
❸ ②を器に盛り、小口切りの万能ねぎ、きざんだパクチー、揚げにんにくをのせ、にんにくを揚げたオイルをかける。

🌐 世界の卵料理事情

ホテルの朝食ビュッフェに出されるほど定番の粥ですが、本来は粥専門の屋台で食べられている屋台料理です。タイでは唐辛子入りのナムプラーや酢、粉唐辛子などをかけてカスタマイズして食べます。

スパイシークリーム卵ライス アヒ デ ガジーナ

ペルー

「アヒ デ ガジーナ」というペルーの煮込み料理をアレンジしたもの。本来はペルーの黄色い唐辛子を使う辛味のあるクリーム煮です。

材料 2人分
- ゆで卵（輪切り）　1個
- 卵黄　1個分
- 鶏むね肉　1枚
- A 玉ねぎ（みじん切り）　1個分
- 　 セロリ（みじん切り）　½本分
- 　 にんにく（みじん切り）　1かけ分
- バター　15g
- 薄力粉　大さじ1
- B ブイヨン（固形）　1個
- 　 生クリーム　200mℓ
- 青唐辛子（みじん切り）　1本
- パルメザンチーズ（おろす）　30g
- 黒オリーブ（輪切り）　1個
- パクチー（葉をちぎる）　適量
- 塩、オリーブオイル　適量

1. 鶏肉は皮を取り除いてゆで、食べやすく裂く。ゆで汁は取っておく。
2. フライパンにバターを熱し、薄力粉を色づかないように炒める。
3. 鍋にオリーブオイルを熱し、中火でAを炒める。1の鶏肉とゆで汁カップ1、2とBも加え、ブイヨンが溶けるまで煮る。チーズと青唐辛子を加えて、よく混ぜながら煮る。
4. 味をみて塩で味を調えたら、溶いた卵黄を入れて混ぜる。器に盛ったご飯（分量外）にかけ、ゆで卵、オリーブ、パクチーをのせる。

ご飯・麺・パン

卵とサーモンのオープンサンド

オーストラリアの朝ごはんです。生クリーム入りのスクランブルエッグと
サーモン、ソースはクリームチーズ入り、最後にディルも添えて。

材料 2人分
卵　3個
スモークサーモン　4枚
バゲット（1cm厚さの斜め切り）　4枚
A 生クリーム　大さじ1
　塩　小さじ1/4
　白こしょう　少々

バター　10g
ディル　適量
こしょう　適量
◆ソース
　クリームチーズ、マヨネーズ
　　各大さじ1
　塩、白こしょう　各少々

1 バゲットはトーストし、ソースの材料は混ぜておく。サーモンは1枚を4等分の長さに切る。
2 ボウルに卵を溶きほぐし、Aを混ぜる。フライパンにバターを熱して溶き卵を流し入れ、半熟状のスクランブルエッグを作る。
3 焼いたバゲットにソースを塗り（飾り分を少し残しておく）、2をのせて、サーモン、残りのソース、ディルを重ねてこしょうをふる。

アメリカ

エッグフロレンティーン

エッグベネディクトのハムのかわりに、ほうれんそうをのせた
ヘルシーバージョン。ニューヨークではお馴染みの朝食です。
ポーチドエッグにこくのあるオランデーズソースをかけていただきます。

材料 2個分
卵　2個
A 酢　大さじ1
└ 塩　ひとつまみ
サラダほうれんそう　1束
バター　10g
塩、こしょう　各適量
イングリッシュマフィン　1個
黒こしょう　適量

◆ **オランデーズソース**
卵黄　1個分
バター（無塩）　80g
B 玉ねぎのみじん切り　10g
　白ワインビネガー　小さじ1
　黒こしょう（ホール）　2粒
└ 水　小さじ1
レモン汁　少々
塩　小さじ1/4

1 ポーチドエッグを作る。卵は小さめのボウルに割り入れておく。大きめの鍋に湯を沸かし、**A**を加え、沸騰したら鍋の中を菜箸などでぐるぐるまわして、湯に対流を作る。弱めの中火にし、対流の真ん中に卵を1個ずつそっと落とし入れる。ふたをして火を止め、3分そのままにしておく。

2 穴あきのおたまなどで卵をすくって冷水に取り、よぶんな白身ははさみで切って成形し、キッチンペーパーにのせておく。

3 ほうれんそうは5cm長さに切り、バターでソテーし、しんなりしたら塩、こしょうして取り出す。

4 オランデーズソースを作る。バターは電子レンジ(600W)で1分ほど加熱して溶かしバターを作り、上澄みをすくう。

5 **B**の黒こしょうは麺棒などで軽くつぶす。ソースパンに**B**を入れて火にかけ、水分がなくなるまで煮つめてから、冷ましておく。

6 ボウルに卵黄を入れ、5を加えて混ぜたら、鍋に湯を沸かし、ボウルの底を当てて湯せんにかけながら、さらに混ぜる。もったりしたら湯せんからはずしてよく混ぜ、4を少しずつ加えて混ぜ、レモン汁と塩を加えて混ぜる。

7 イングリッシュマフィンは厚さを半分にして、切り口を下にしてフライパンでこんがり焼く。

8 器にマフィンをのせ、ほうれんそう、卵の順にのせ、オランデーズソースをかけて黒こしょうをふる。

| 日本 | # フレンチトースト |

東京の老舗ホテルの名物フレンチトーストをアレンジ。卵液がパンにしっかり染み渡るよう、パンの大きさに合わせたバットを使ってください。

材料 2人分
卵　3個
A ┌ 牛乳　200㎖
　　├ きび砂糖　30ｇ
　　└ バニラエッセンス　3滴
食パン（4枚切り）　2枚
バター　20ｇ
メープルシロップ
　（はちみつでもよい）　各適量

① 食パンは耳を切り落として縦半分に切る。
② ボウルに卵を割りほぐし、**A**を加えてよく混ぜる。①がなるべくきっちり入るバットか保存容器に入れ、卵液を流し入れる。冷蔵庫に入れて24時間おく。途中、半日経ったら木べらなどで裏返す。
③ フライパンを中火にかけてバターを熱し、溶けたら弱火にして②を入れる。ふたをして5〜6分、じっくり焼いたらひっくり返し、ふたをして5〜6分焼く。こんがりするまで、火加減を調節しながら焼く。器に盛り、メープルシロップやはちみつをかける。

🟠日本 エッグトースト

10代のとき喫茶店で食べて以来、ブラッシュアップしながら作り続けています。パンの外はカリカリ、中はふわふわで、焼けた卵が香ばしい一品です。

材料 2人分
卵　4個
食パン（4枚切りか5枚切り）　2枚
A マヨネーズ　50ｇ
　塩、こしょう　各適量
バター　適量
ケチャップ　適量

1️⃣ 卵はかためにゆでて（7ページ参照）殻をむいて2cm角に切る。ボウルに入れてAを加えて混ぜる。
2️⃣ 食パンは耳を切り落とし、上の面に薄くバターを塗り、1️⃣を全体にのせる。
3️⃣ オーブントースターを予熱して2️⃣を入れ、こんがりするまで焼き、ケチャップをかける。

ベーコンエッグサンド

アメリカ

細長いオムレツと焼いたベーコン、そしてソテーした玉ねぎをはさんだサンドイッチです。味のポイントは、茶色くなるまでじっくり炒めて甘みを引き出した玉ねぎ。おいしさに深みが出ます。

材料 2人分
卵　4個
食パン（6枚切り）　4枚
玉ねぎ　½個
スライスベーコン（12cm長さのもの）　8枚
マヨネーズ　大さじ1強
フレンチマスタード　小さじ2
バター　50g
塩、こしょう　各少々

アメリカ

1 玉ねぎは薄切りにして、バター20gで茶色くなるまでソテーする。ベーコンはフライパンで両面をこんがり焼く。

2 ボウルに卵を溶きほぐし、塩、こしょうをふる。バター10gを熱したフライパンに半量の卵液を入れ、パンの大きさに合わせて細長いオムレツを2本作る。残りも同様に作る。

3 食パンの片面にバター5gを塗り、バターを塗った面を合わせて、外側をトースターで焼く。

4 焼けたらバターを塗った面にマヨネーズとマスタードを重ねて塗り、玉ねぎを広げてベーコン、オムレツの順に重ねてサンドする。

ご飯・麺・パン

アメリカ

アボカドエッグトースト

いま世界中で人気のアボカドトースト。卵を落として焼いたら、もっとおいしい！ と思って作った、オリジナルレシピです。
イメージしたのはメキシコのワカモーレ。見た目もかわいくなりました。

材料 2人分
卵　2個
食パン（4枚切り）　2枚
アボカド　2個
バター　10g
A マヨネーズ　大さじ2
　レモン汁　小さじ2
　塩　小さじ¼
　白こしょう　少々
塩　少々
粉チーズ、黒こしょう　各適量

アメリカ

❶ アボカドは種と皮を取り除き、1個分はボウルに入れてフォークでペースト状につぶし、Aを加えて混ぜる。残りのひとつは薄切りにする。
❷ 食パンの片面にバターを塗って、❶のペーストを広げる。中央は丸くへこませ、くぼみを囲うように薄切りのアボカドをのせ、卵を割り落として塩をふる。
❸ 卵黄のまわりに粉チーズをふり、オーブントースターに入れて卵が半熟になるまで焼く。器にのせ、黒こしょうをふる。

ご飯・麺・パン

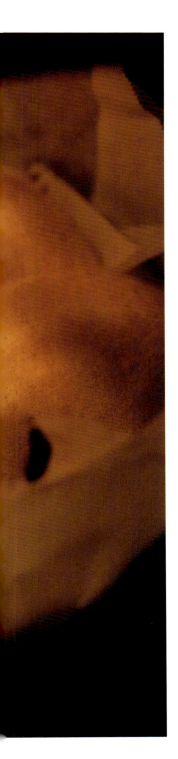

CHAPTER 8
おやつ

卵が入っているおやつは世界中に無数にあるといっていいと思います。プリンのように主役になるだけでなく、例えばメレンゲにしてケーキの生地に入れるなど、脇役としても卵は欠かせない材料なのです。数ある世界のおやつの中でも、卵の味や食感を楽しめる、卵が主役のお菓子を紹介します。お好きなお茶と合わせて、ティータイムやデザートで楽しんでください。

ポルトガル

生カステラ パンデロー

カステラの元祖といわれる、ポルトガルのお菓子です。
全卵と卵黄をたっぷり使って作る、とろとろの半熟加減が卵好きには
たまらない味。オーブンから漂う甘い香りもごちそうです。

材料 直径18cmのケーキ型1台分
卵　2個
卵黄　5個分
砂糖　90g
薄力粉　40g

ポルトガル

1. 薄力粉はふるっておく。
2. 30cm角に切ったオーブンシートを丸いケーキ型の内側に敷く。焼くと大きくふくらむので、オーブンシートは型より高さが出るようにする。オーブンを200℃に予熱する。
3. ボウルに全卵と卵黄を入れてよく混ぜる。砂糖を少しずつ加え、ハンドミキサーで卵液がふんわりするまで攪拌する。生地をすくって落とすとリボンを描くようになるのが目安。
4. 3に1を2回に分けて加え、そのつどゴムべらでさっくりと混ぜる。粉けがなくなるまで混ざったら、すぐに2のケーキ型に流し入れる。
5. 4を天パンにのせ、オーブンに入れる。200℃で10分焼き、190℃に下げて5分焼く。上部にこんがり焦げ色がつき、縁側に竹串を刺して(中央は半生なので)、生地がつかなければ焼き上がり(オーブンによって加熱具合が異なるので焼き時間は加減する)。中央は余熱で火が通る。
6. 型から取り出して金網などにのせて冷ます。粗熱が取れたらオーブンシートをはずし、切り分ける。

※3で残った卵白は冷凍して
　おくと便利。

イタリアンプリン

卵と牛乳にマスカルポーネチーズを加えたこくのあるプリンです。
ゼラチンも少し入っているので、ぷるんとなめらかな食感。
カラメルの苦みが味のアクセントに。

イタリア

材料 17cm×9.5cmのパウンド型1台分
卵　3個
マスカルポーネチーズ　100g
粉ゼラチン　3g
水　大さじ1
A 牛乳　100㎖
　生クリーム　200㎖
　グラニュー糖　80g
バニラエッセンス　適量
コアントロー(オレンジのリキュール)　少々
✚ **カラメル**
　グラニュー糖　50g
　湯　大さじ1強

① ゼラチンは水を加えてふやかす。
② カラメルを作る。鍋にグラニュー糖を入れて火にかけ、混ぜずに鍋をまわして溶かす。こげ茶になったら湯を加えて(ジュッとはねるので注意)、混ぜ溶かす。すぐパウンド型の底に流し入れて冷蔵庫で冷やしておく。
③ マスカルポーネチーズは室温に戻してボウルに入れ、なめらかになるまで混ぜる。卵を溶いて、少しずつ加えてそのつど混ぜる。
④ Aの材料を小鍋に入れて火にかけ、60℃に熱して①を入れて溶かす。③のボウルに少しずつ入れて混ぜる(一気に入れると卵がかたまるので注意)。こし器でこしたら、バニラエッセンス、コアントローを加えて、②の型にゆっくり流し入れ、気泡があれば消す。
⑤ オーブンを140℃に予熱する。バットに50℃の湯を張り、④を入れて天パンにのせる。オーブンの下段に入れて60分加熱する。粗熱を取って冷蔵庫でひと晩冷やす。
⑥ 取り出すときは、バットなどに湯をはり、型の下方を湯で少し温めてカラメルをゆるめる。型の四辺に包丁を入れて切り離し、皿をのせてひっくり返す。

カイザーシュマーレン

オーストリア

ドイツに駐在している娘が好きで、送ってくれたレシピをもとに作ってみました。メレンゲ入りのふわっとしたパンケーキ風のお菓子。好きなジャムをつけてどうぞ。

材料 直径24cmのフライパン1枚分
卵　1個
レーズン　15ｇ
赤ワイン　大さじ1
A グラニュー糖　5ｇ
└ 塩　少々
牛乳　50ml
薄力粉　50ｇ
グラニュー糖　5ｇ
バター（有塩）　5ｇ
いちごジャム（りんごジャムやラズベリージャムなどでもよい）　適量
粉糖　適宜

1. レーズンは赤ワインに漬けてひと晩おく。
2. 卵は卵黄と卵白に分ける。ボウルに卵黄とAを入れて、泡立て器でよく混ぜる。つやが出てよく混ざったら、ふるった薄力粉を加えて混ぜ、牛乳も加える。粉けがなくなるまで、ゴムべらで混ぜる。
3. よく乾いたボウルに卵白を入れてハンドミキサーで泡立てる。しっかり泡立ったらグラニュー糖を加えて9分立てにする。
4. ③のボウルに②を3回に分けて入れ、そのつどゴムべらでさっくり混ぜる。
5. フライパンにバターを熱して④の生地を流し入れたら、汁けをきったレーズンを散らす。表面に気泡が出てきたら、フライ返しで返し、弱火で火を通す。中まで火が通ったら、はしでざっくり切り分けて皿に盛りつける。ジャムを添えて好みで粉糖をふる。

塩川純佳 しおかわ・じゅんこ

東京都生まれ。料理研究家。料理教室「J's Kitchen」主宰。和洋中ジャンルを問わず、世界各国の料理をオリジナルにアレンジしたレシピを考案し、雑誌、広告、企業のレシピサイトや新店立ち上げなど幅広く活躍。

趣味は食べ歩き。おいしいものがあると聞けば、世界中どこへでも足を運ぶ。おいしいものに出合うと、そのレシピを探究せずにはいられない。自宅で現地（お店）の味を再現する腕前には定評があり、特に、10代より頻繁に訪れているタイを中心にした東南アジア料理のレシピは、家庭料理のレベルを超えた完成度と、料理教室で人気が高い。著書に『旅するJ's Kitchen　アジア料理編』（講談社エディトリアル）がある。

写真　　嶋田礼奈（本社写真部）

デザイン　若山嘉代子 L'espace

スタイリング　城 素穂

料理アシスタント　高松玲子・奥谷みどり

編集協力　　内田いつ子

新しい味発見！ 世界の卵料理

2025年2月18日　第1刷発行

著者　　塩川 純佳

発行者　清田則子
発行所　株式会社講談社
　　　　〒112-8001 東京都文京区音羽2-12-21
　　　　販売　TEL 03-5395-5817
　　　　業務　TEL 03-5395-3615

編集　　株式会社講談社エディトリアル
代表　　堺 公江
　　　　〒112-0013 東京都文京区音羽1-17-18　護国寺SIAビル6F
　　　　編集部　TEL 03-5319-2171

印刷所　大日本印刷株式会社
製本所　株式会社加藤製本

定価はカバーに表示してあります。本書のコピー、スキャン、デジタル化等の無断複製は著作権法上での例外を除き、禁じられております。本書を代行業者等の第三者に依頼してスキャンやデジタル化することはたとえ個人や家庭内の利用でも著作権法違反です。落丁本・乱丁本は購入書店名を明記のうえ、小社業務宛にお送りください。送料小社負担にてお取換えいたします。なお、この本についてのお問い合わせは、講談社エディトリアル宛にお願いいたします。

©Junko Shiokawa 2025, Printed in Japan
ISBN978-4-06-538521-0